Alexey Imamov

¿Cómo puede ayudar a una persona el tenis de mesa?

Alexey Imamov

¿Cómo puede ayudar a una persona el tenis de mesa?

JustFiction Edition

Imprint

Any brand names and product names mentioned in this book are subject to trademark, brand or patent protection and are trademarks or registered trademarks of their respective holders. The use of brand names, product names, common names, trade names, product descriptions etc. even without a particular marking in this work is in no way to be construed to mean that such names may be regarded as unrestricted in respect of trademark and brand protection legislation and could thus be used by anyone.

Cover image: www.ingimage.com

Publisher:
JustFiction! Edition
is a trademark of
Dodo Books Indian Ocean Ltd., member of the OmniScriptum S.R.L Publishing group
str. A.Russo 15, of. 61, Chisinau-2068, Republic of Moldova Europe
Printed at: see last page
ISBN: 978-620-3-57889-8

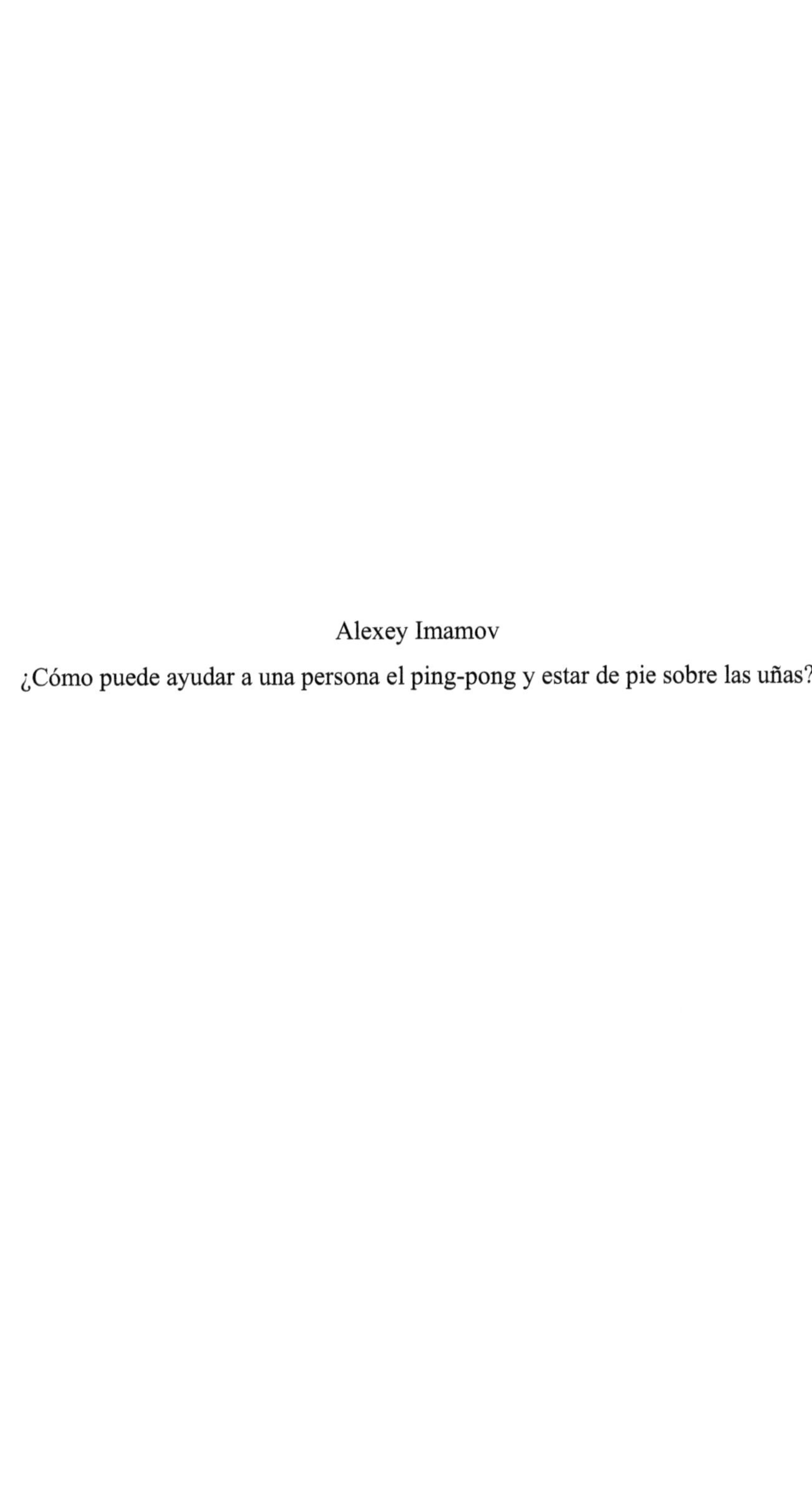

Alexey Imamov

¿Cómo puede ayudar a una persona el ping-pong y estar de pie sobre las uñas?

Quienes consideran el tenis de mesa un deporte fácil se equivocan. Aunque pareciera que dos personas están de pie y tirándose una pelota. Bueno, ¿qué puede ser difícil aquí? Solo aquellos que nunca han jugado al tenis de mesa lo creen así.

De hecho, el "ping-pong" desarrolla muchas cualidades no solo físicas, sino también morales y volitivas. Esto es fuerza, destreza, rapidez de reacción y la capacidad de predecir y anticipar la situación en la mesa de juego. Al jugar al tenis también se desarrollan las habilidades motoras finas. Pero veamos todo en orden.

En un deporte como el tenis de mesa, la fuerza no se desarrolla en el sentido directo de la palabra. Eso sí, al jugar al tenis, los músculos de los brazos no serán los mismos que los de los culturistas. Pero los músculos, sin duda, cobran más protagonismo, ya que se trabaja la articulación del hombro, bíceps y tríceps, así como los músculos de las manos.

Aquí, la fuerza se refiere a la fuerza del movimiento de la mano. Cuando existe la necesidad de atacar bruscamente al oponente, para tomarlo por sorpresa en la mesa, entonces los golpes en la pelota deben ser poderosos y fuertes, es decir, tales que el oponente no pueda reaccionar a ellos a tiempo. Agregue a esto el trabajo de los músculos de las piernas, que están constantemente en movimiento y tensión.

En cuanto a destreza y rapidez de reacción, el tenis de mesa desarrolla perfectamente estas cualidades. Después de todo, con un buen juego, la pelota vuela muy rápido, por lo que para no perder puntos, debes actuar con toda la destreza y la velocidad de la que el jugador es capaz.

Por lo general, la situación en la mesa se desarrolla instantáneamente, por lo que también debe tener algunas habilidades para anticipar el futuro. Y, solo por una fracción de segundo para anticipar la acción del oponente, adelantarse a la dirección del vuelo de la pelota y la fuerza del golpe, desentrañar el plan de acción y engañar, y por lo tanto, vencer.

Una carga muy grande en este juego cae sobre los pies de los jugadores. Las piernas hacen un gran trabajo al mover al atleta alrededor de la mesa, su trabajo es un factor importante en el juego y para lograr la victoria deseada. Por lo tanto, no es de extrañar que los músculos de las piernas de los tenistas estén muy bien entrenados, y esto puede mejorar significativamente el rendimiento en otros deportes, como correr. Esto significa que el tenis de mesa se puede incluir en el sistema de entrenamiento de algunos atletas de otros deportes.

Y, por supuesto, el tenis de mesa tiene un gran efecto en la salud de los sistemas cardiovascular y respiratorio. Después de todo, al moverse de un lado a otro de la mesa, los músculos del corazón reciben una carga comparable a la de correr por un terreno accidentado. Y cuanto mejor se entrena el corazón, menor es el riesgo de enfermedad cardíaca.

El sistema respiratorio durante el juego intensivo también puede desarrollarse y tener un efecto muy útil. Hay una ventilación constante de los pulmones, mejora y entrena su trabajo.

No puede ignorar el efecto positivo del entrenamiento en el sistema visual humano. Especialmente, este deporte es útil para aquellos que pasan mucho tiempo en la computadora. Los ojos están constantemente sobrecargados y cansados. Al jugar al tenis, los músculos de los ojos se entrenan, porque los ojos deben seguir el movimiento rápido de la pelota y también tener tiempo para reaccionar y, al mismo tiempo, seguir observando las acciones del oponente.

Bueno, sin duda, el "ping-pong" tiene un gran efecto en la coordinación de los movimientos, porque necesitas tener tiempo para vencer a la pelota voladora y, para este propósito, no puedes prescindir de movimientos precisos y coordinados de todo el cuerpo.

El tenis de mesa desarrolla no solo cualidades personales, sino también comerciales en el carácter de una persona.

El tenis de mesa también es útil para las personas que tienen problemas con los sistemas cardiovascular y respiratorio. El efecto de mejora de la salud que tiene un impacto positivo en estos sistemas corporales se demuestra en el proceso de llevar a cabo lecciones únicas con esta categoría de pacientes según el método de mi autor.

Veamos cuál es el punto. Durante el juego, cuando el jugador se mueve de un lado a otro de la mesa, los músculos del corazón se ven sometidos a una carga comparable a la de correr. Los beneficios del entrenamiento cardíaco son los siguientes: cuanto mejor entrenes el músculo cardíaco, menor será el riesgo de enfermedades cardiovasculares, incluidos los ataques cardíacos. Este problema es muy relevante en las condiciones actuales, ya que son las enfermedades cardiovasculares las que ocupan el primer lugar entre las causas de muerte en la población.

¿Qué beneficios tiene el tenis de mesa en el sistema respiratorio del cuerpo? Debido a los movimientos respiratorios, hay una ventilación constante de los pulmones, cuyo indicador es el volumen minuto de respiración (MOD), la cantidad de aire que pasa a través de los pulmones durante 1 minuto. En reposo, la MOD es de 5-8 litros, y durante la actividad física aumenta y alcanza los 150-180 litros. Por lo general, en reposo, una persona consume 200-300 ml de oxígeno por minuto. Al jugar al tenis, el consumo de oxígeno aumenta a 2-3 l/min. Y esto es natural. El trabajo muscular es impensable sin aumentar el intercambio gaseoso, ya que la energía se extrae de la oxidación de sustancias orgánicas. Incluso con un pequeño esfuerzo físico, los cambios en la respiración se expresan claramente. Con trabajo ligero, el intercambio de gases aumenta de 2 a 3 veces, con trabajo pesado, de 20 a 30 veces. Una persona no atlética toma de 14 a 18 respiraciones por minuto. Al jugar al tenis, esta cifra puede ser 30-40. Con una actividad física significativa, aumenta la ventilación pulmonar, lo que da como resultado una mayor penetración de oxígeno en la sangre. Al mismo tiempo, se utiliza más oxígeno de cada litro de aire inhalado (4-6 %) que en reposo (3-4 %). Con el aumento de las cargas, la velocidad del flujo sanguíneo también aumenta. Entonces, en reposo durante 1 minuto, 4-5 litros de sangre pasan por el corazón. Pero cuando juega al tenis, puede bombear hasta 35 litros de sangre por minuto. La frecuencia cardíaca (FC) también tiene una gran influencia en la circulación sanguínea. En reposo, la frecuencia cardíaca oscila entre 50 y 80 latidos/min, mientras que la carga aumenta significativamente. Así, los tenistas tienen una frecuencia cardíaca de 120-140 lat/min durante el calentamiento, 150-170 lat/min después del saque con salida a la red y desenfundado corto, y 172-190 latidos / min después del ejercicio "ocho" en la línea de fondo. Estos ejemplos muestran que la carga de tenistas-atletas durante las competiciones y sesiones de entrenamiento es bastante grande. Se acompaña de indicadores de pulso alto.

Además, la singularidad del tenis de mesa es que mejora el sistema visual de una persona. Esto es especialmente cierto para aquellos que pasan mucho tiempo frente a la computadora, como los trabajadores de TI. Como resultado del trabajo regular en la computadora, están constantemente sobrecargados y cansados. Cuando se usa el método de mi autor para jugar tenis de mesa, se entrenan los músculos de los ojos. Veamos el proceso con más detalle. Durante el juego, los ojos deben seguir el movimiento rápido de la pelota, así como reaccionar y seguir observando la acción del oponente. En otras palabras, los músculos del ojo deben enfocarse en varios puntos diferentes. Y de acuerdo con la tecnología de mi autor para su entrenamiento, durante el calentamiento, demuestro una figura tan única de tocar la pelota, en la que el oponente debe golpear la pelota.

El tenis de mesa tiene un impacto positivo en los negocios, y más precisamente en los empresarios y empresarios que se encuentran regularmente en situaciones en las que las decisiones deben tomarse casi a la velocidad del rayo. El tenis es un deporte muy rápido y la situación puede cambiar en una fracción de segundo. Por lo tanto, debe poder tomar las decisiones correctas, casi sin pensar. Los empresarios que tienen un pasatiempo como el tenis de mesa tienen ciertas ventajas.

Desarrollar la fuerza de voluntad para lograr la victoria tan esperada es una característica esencial del carácter de todos los grandes "grandes negocios". También necesitan la capacidad de nunca darse por vencidos y luego establecer metas nuevas y nuevas en el camino hacia las alturas futuras. Entonces, en el tenis de mesa, incluso si no es una competencia o un entrenamiento, sino solo un pasatiempo con amigos o familiares, el deseo de ganar es una de las cualidades importantes de un jugador.

También notaremos algunas ventajas que obtienen los empresarios que tienen la costumbre de jugar tenis de mesa utilizando la tecnología de mi autor. Primero, en el curso de la espera de la victoria, se desarrolla la fuerza de voluntad, incluidos rasgos de carácter como la perseverancia y la perseverancia. Estas cualidades son importantes y fundamentales durante el período de entrenamiento, así como durante el período de logro del resultado deseado, es decir, la victoria. El tenis de mesa te enseña a nunca rendirte y a establecer nuevos y nuevos objetivos en el camino hacia la conquista de los preciados picos.

Una característica distintiva del tenis de mesa es una mejora significativa en el funcionamiento de los sistemas sensoriales a medida que aumenta la forma física del atleta. Esto se debe a la necesidad en el curso de la lucha libre de obtener y procesar efectivamente una gran cantidad de información sobre el estado rápidamente cambiante del atleta y la situación del juego. En primer lugar, los tenistas mejoran su analizador visual, a través del cual se recibe cerca del 80% de la información. Los atletas aumentan la velocidad de procesamiento de la información durante reacciones motoras simples y complejas, mejoran la capacidad de evaluar la profundidad de lo visible y amplían el campo de visión. También se observan cambios positivos en el funcionamiento de otros analizadores. Los cambios especialmente significativos están asociados con la actividad del aparato vestibular.

Movimiento rápido del atleta en el espacio, los giros bruscos y los golpes irritan casi continuamente los receptores del sistema sensorial. Si no es lo suficientemente estable, surgen problemas con la precisión de las acciones motoras del atleta, y esto hace necesario movilizar el recurso interno del sistema. En el proceso de mejora deportiva, los tenistas forman sensaciones específicas: un "sentido de la distancia", "sensación de la pelota", etc. Estos sentimientos son especialmente agudos en los atletas que están en buena forma y se desvanecen o no se forman con insuficiente. entrenamiento o sobreentrenamiento. Este fenómeno está asociado a la fatiga, una disminución temporal del rendimiento provocada por una actividad intensa o prolongada. Se manifiesta ante todo en el deterioro de la precisión de las acciones motoras, el crecimiento de los defectos técnicos,

La efectividad de obtener y procesar información por parte de un jugador de tenis está asociada con una serie de indicadores psicofisiológicos, como la velocidad del pensamiento operativo, la distribución de la atención. En general, tenis de mesa (juego de deportes de equipo personal) se refiere a un grupo de deportes situacionales (no estándar) (el juego, las acciones de los atletas se determinan de acuerdo con las acciones del oponente). Sin embargo, las acciones del atleta pueden ser estereotipadas (golpes de velocidad-fuerza, etc.). Esto determina la probabilidad de utilizar repeticiones de situaciones, momentos de juego y técnicas. Sin embargo, se basa en reaccionar a los cambios en la situación y las condiciones.

La extrapolación, es decir, una especie de previsión, anticipación de próximos eventos sobre la base de información ya existente en la memoria del hogar o especial, es el mecanismo más importante para el funcionamiento del sistema nervioso de un jugador de tenis de mesa.

Su insuficiente desarrollo limita la efectividad de la actividad del juego, especialmente en el caso de respuestas motoras situacionales. La programación de respuestas adecuadas que requieren anticipación y extrapolación se complica por la insuficiente automatización de los movimientos, especialmente cuando son muy complejos, y pueden deteriorarse bajo la influencia de estímulos confusos. Sin embargo, se debe tener en cuenta que la influencia de los estímulos confusos se debilita significativamente cuando se repiten los pases de las mismas situaciones. La extrapolación permite que un tenista resuelva eficazmente situaciones muy difíciles que surgen en un entorno de lucha que cambia rápidamente. La capacidad de extrapolar depende en gran medida de su experiencia deportiva. Como regla, los jugadores más habilidosos son más propensos a anticipar la naturaleza del oponente. s acciones y encontrar las tácticas y técnicas necesarias para contrarrestarlas. Aunque la capacidad de extrapolar en un alto porcentaje de los casos viene determinada por factores genéticos, no cabe duda de que la extrapolación viene planteada por el entrenamiento. Cuanto mayor sea el rango de tácticas y técnicas que un jugador de tenis debe enfrentar en el entrenamiento, más probable es que las contrarreste de manera efectiva. Por el contrario, en las condiciones de un entrenamiento estandarizado y estrictamente programado, la extrapolación no se desarrolla. La característica principal del tenis de mesa es su alta emotividad. Incluso en sesiones de entrenamiento normales, cientos de veces repetidas, entrar en el juego tarde o temprano activa todo el aparato de la respuesta emocional del atleta. Y durante la competencia, los cambios emocionales en los atletas están bastante cerca de una respuesta típica de estrés. La emocionalidad aumenta significativamente la severidad de las reacciones vegetativas del atleta a la carga motora. El ejemplo de los partidos en los Campeonatos del Mundo y de Europa, donde participan decenas de países y cientos de atletas, muestra cómo es la competencia durante las competencias. La intensidad de la lucha en los juegos jugados se puede juzgar por la puntuación, por ejemplo: 10: 9, 10: 12 o 12: 14; por situaciones de juego y la igualdad de puntos en situaciones críticas y finales de juegos: 7:7, 8:8, 9:9. Especialmente tensos son los finales de los partidos, cuando un tenista pierde uno o dos puntos e intenta ganar. Esto requiere coraje, resistencia y confianza en uno mismo. El puntaje en el partido es ciertamente uno de los indicadores de la intensidad de la lucha, pero no es el único. El éxito de un jugador de tenis de mesa' La actividad deportiva depende de las propiedades del sistema nervioso y del temperamento, que intervienen en la formación de las propiedades de la personalidad. Una combinación específica de propiedades de la personalidad y determina su individualidad. Los datos de investigación acumulados hasta la fecha con un grado suficiente de confiabilidad nos permiten identificar las características de personalidad y su relación que caracterizan a un atleta altamente calificado.

Entre las propiedades distintivas de un jugador de tenis de mesa se encuentran el aumento de la estabilidad emocional, la firmeza de carácter, la confianza en sí mismo, la independencia para evaluar situaciones difíciles, la reducción de la ansiedad, la capacidad de autocontrol, la perseverancia en el logro de objetivos, la iniciativa y el coraje, y el deseo. para el liderazgo.

Entre las relaciones de las propiedades de la personalidad, se consideran las más significativas:

- el predominio de las motivaciones morales y sociales en la estructura de la motivación sobre las aspiraciones personales;

- el predominio de las cualidades de voluntad fuerte que movilizan al atleta para superar las dificultades, sobre la ansiedad y la duda;

- predominio de la estabilidad mental y el autocontrol sobre la excitabilidad emocional.

Los psicólogos han descubierto que los motivos del atleta juegan un papel particularmente importante en el logro de altos resultados. Entre los motivos que inciden en el éxito de la actividad, se encuentran:

- fisiológico,
- Psicológico
- social.

Al mismo tiempo, se revela que cuanto mayor sea el significado social de los motivos, más exitoso puede ser el resultado de la actividad.

Para el tenis de mesa, también debes ser inteligente. En el transcurso del juego, debes engañar hábilmente y con la ayuda de técnicas engañosas y fintas para poder confundir hábilmente a tu oponente. Esto necesita ser enseñado. Es necesario entrenar todas las cualidades mencionadas anteriormente no solo en la mesa de juego, sino también en la vida cotidiana.

El tenis de mesa no tiene restricciones de edad.

Lo mejor del tenis de mesa es que se puede jugar a cualquier edad. Tanto si tienes 6 años como si tienes 60, no importa, porque nunca es tarde para aprender a jugar al tenis.

Entonces, en una de las revistas occidentales se habló sobre el tenista de 108 años de China Park Sunchen. Comenzó a jugar al tenis hace 29 años, pero desde entonces se le puede ver todos los días con una raqueta en la mano en el centro de tenis Shamian en Beijing... Se recomienda que las personas de mediana edad y mayores usen el tenis para apoyar la salud, el rendimiento y la alegría. Pero no debes luchar por los logros más altos en el juego. No debemos olvidar que el tenis se caracteriza por varios movimientos, a menudo impetuosos, tirones, alteraciones del ritmo. Y todo esto puede ser traumático para las personas cuyos tejidos aún no tienen la elasticidad juvenil. Por lo tanto, es recomendable abandonar las competiciones a partir de los 50 años y a partir de los 60, para participar solo en juegos de dobles. El tenis también destaca por el hecho de que todo el mundo puede jugar y moverse por la pista con la intensidad adecuada a su salud y forma física. Después de todo, la actividad física en el tenis tiene un carácter de intervalo. Su intensidad se reduce debido a numerosas pausas en el juego. Estas pausas ocurren al final del sorteo de cada pelota (recoger las pelotas después del sorteo, cambiar de lado cuando el atleta pasa, transiciones al servir y recibir, etc.) Son importantes para recuperar el aliento "perdido". Al jugar con cuatro jugadores, estos respiros aumentan. Los tenistas aprenden de su propia experiencia y ejemplo que el tenis tiene un efecto beneficioso sobre su salud. Su intensidad se reduce debido a numerosas pausas en el juego. Estas pausas ocurren al final del sorteo de cada pelota (recoger las pelotas después del sorteo, cambiar de lado cuando el atleta pasa, transiciones al servir y recibir, etc.) Son importantes para recuperar el aliento "perdido". Al jugar con cuatro jugadores, estos respiros aumentan. Los tenistas aprenden de su propia experiencia y ejemplo que el tenis tiene un efecto beneficioso sobre su salud. Su intensidad se reduce debido a numerosas pausas en el juego. Estas pausas ocurren al final del sorteo de cada pelota (recoger las pelotas después del sorteo, cambiar de lado cuando el atleta pasa, transiciones al servir y recibir, etc.) Son importantes para recuperar el aliento "perdido". Al jugar con cuatro jugadores, estos respiros aumentan. Los tenistas aprenden de su propia experiencia y ejemplo que el tenis tiene un efecto beneficioso sobre su salud.

Cada tecnología tiene sus propias leyes. Una de las leyes de la tecnología del tenis de mesa es la necesidad de cumplir con ciertas técnicas. La tecnología es el camino más corto para lograr resultados. Por supuesto, hay más o menos desviaciones debido a las características fisiológicas de una persona, pero en general, la técnica es la misma. Una vez memorizada hasta el automatismo, la técnica incorrecta impide el desarrollo de una técnica nueva y correcta. La exclusión de una de sus fases del ejercicio viola toda la tecnología del proceso en su conjunto.

Una comprensión completa, clara y correcta de las técnicas y acciones que debe aprender una persona con su exhibición ejemplar le permite dominar rápidamente la técnica de realizar ejercicios. Se logra un aumento gradual de la carga en el proceso de aprendizaje mediante el cumplimiento del mismo con el nivel de condición corporal y accesibilidad para los estudiantes. La condición para garantizar la fuerza se logra mediante la repetición repetida de ejercicios en varias combinaciones, así como mediante la verificación sistemática de los resultados obtenidos.

La mayor parte del tiempo en el entrenamiento del tenis de mesa lo ocupan las clases prácticas, es decir, practicar ciertos movimientos con una raqueta. Es obligatorio conocer las técnicas y reglas del juego.

Recomendamos la siguiente tecnología y secuencia de técnicas de entrenamiento para jugar tenis de mesa:

- familiarizarse con la historia del desarrollo;

- familiarizarse con el equipo y el inventario;

 para dar una idea de la terminología;

- familiarizarse con las reglas básicas del juego;

- familiarizarse con la organización y realización de competiciones;

- llevar al instructor ya la práctica judicial;

- enseñar la técnica del juego.

La técnica del juego incluye las siguientes técnicas:

- sujeción,

- sección transversal,

- Rodar (rodar a la izquierda, rodar a la derecha)

- Suministro

- top spin (top spin a la derecha, top spin a la izquierda)

- Estar

- Guarnición

- "vela"

- puesto de tenista

ESTAR

Los estantes de juego deben dividirse en estantes (posiciones) para realizar varios golpes y un estante para recibir los servicios del oponente.

Veamos el mostrador de recepción y las preguntas generales sobre el mostrador de recepción.

El Mostrador de recepción debe, en primer lugar, proporcionar tanto físicamente como en términos de atención lo más rápido posible comenzar en cualquier dirección: izquierda, derecha, adelante, atrás. El stand es la posición de preparación más alta. En todos los casos de preparación, los pies se colocan al ancho de los hombros o ligeramente más anchos que los hombros, las rodillas ligeramente dobladas y los talones se levantan del suelo.

Está escrito en todos los libros de texto.

Pero, ¿qué significa exactamente esto: "ligeramente dobladas las rodillas"?

En la práctica, este ángulo de flexión se puede definir de la siguiente manera: intente hacer algunos movimientos elásticos y luego permanezca en la posición más baja de este movimiento. Es esta posición la más adecuada: tanto para recibir servicios como para realizar golpes individuales. ¿Qué significa exactamente "sin pisar el suelo"? Esto significa estar de pie y moverse sobre la parte delantera del pie (no sobre los dedos de los pies, ¡esto no es ballet!). Si comparamos nuestros movimientos profesionales con la salida de un Sprinter, inmediatamente recordamos que los velocistas incluso levantan artificialmente los talones del suelo en la salida y empujan con la parte delantera de los pies gracias a las almohadillas de salida.

El peso del cuerpo cuando está de pie correctamente se distribuye uniformemente en ambas piernas, y el centro de gravedad del cuerpo está ubicado en una línea recta que pasa por las partes delanteras del pie de ambas piernas. Otras posiciones del centro de gravedad del cuerpo no proporcionan un comienzo relámpago. Limite la capacidad de mover una fuerte inclinación del cuerpo hacia adelante, piernas estiradas y tensas.

La distancia entre el jugador y la mesa de recepción es aproximadamente la longitud de la mano extendida con la raqueta. Si el atleta tiene el mismo éxito en recibir servicios tanto de la derecha como de la izquierda, se coloca en la recepción frente al centro de la mesa, de frente a la mesa, y ambos pies están casi paralelos y mirando hacia adelante. Si un atleta prefiere jugar a la derecha cuando recibe un saque, toma una posición ligeramente a la izquierda del centro de la mesa y en la grada derecha (al menos sus pies).

La postura derecha (o posición inicial para ejecutar todo tipo de golpes de derecha) se caracteriza por el hecho de que los pies (especialmente el derecho) están girados hacia la derecha. Esto le permite tirar del hombro derecho hacia atrás para el swing. Tenga en cuenta: para un giro en U, es el hombro derecho y la parte derecha del torso los que se retraen, y no el izquierdo el que se adelanta, aunque puede llegar a la posición izquierda de las dos maneras descritas.

La postura izquierda (o posición inicial para todos los tipos de revés) se describe en la mayoría de los manuales como la opuesta a la postura derecha, con la pierna derecha y el hombro derecho delante de la pierna izquierda y el hombro izquierdo. El aumento de la velocidad de juego y la mejora del material de la raqueta requieren y permiten realizar todos los golpes de revés en la posición de cara a la mesa. Después de todo, esto es lo que te da una ganancia de tiempo y te permite enmascarar la dirección del vuelo de la pelota, le da un atractivo especial al juego de la izquierda.

Los diferentes bastidores están asociados con las características individuales y técnicas del atleta. Por lo tanto, aunque los principios del soporte de mesa se especifican anteriormente, cada atleta se caracteriza por su propio soporte de mesa, solo su inherente.

Muchos atletas líderes en la recepción de la alimentación apenas mueven los pies, como si balancearan el centro de gravedad. Estos pasos aseguran que comience inmediatamente y comience el movimiento siempre más rápido que el comienzo (compárelo con los mismos velocistas en el relevo: la velocidad de aquellos que comienzan inmediatamente en la 2da, 3ra, etc. etapas siempre es mayor que la del que comienza con el primer paso).

El stand es libre, y la atención está tensa.

Sujeción

El agarre correcto (método de sujeción) de la raqueta determina en gran medida la ejecución correcta de los golpes en el tenis de mesa, y la elección del tipo de agarre determina en gran medida la elección del estilo de juego. La empuñadura debe proporcionar libertad y naturalidad de movimientos de toda la mano al ejecutar los golpes. En el tenis de mesa moderno, hay dos tipos de agarre fundamentalmente diferentes: "europeo" y "asiático".

empuñadura europea

El mismo nombre de este grip indica su excepcional popularidad entre los atletas europeos. En los años 60-70, ante la necesidad de prepararse para los encuentros con los principales atletas europeos, los jefes de las Federaciones de tenis de mesa de varios países asiáticos comenzaron a imponer activamente la forma europea de sostener la raqueta entre los atletas de sus países. Muchos de estos atletas han logrado resultados sobresalientes en campeonatos mundiales, torneos asiáticos e internacionales, y ahora en los países asiáticos este método ha recibido plenos derechos de ciudadanía y se está desarrollando en paralelo con el agarre tradicional del "bolígrafo" para los asiáticos. El término "agarre europeo" ahora se ha vuelto más histórico y geográfico, no expresa la esencia de este método de agarre de la raqueta. Sin embargo, este término es tradicional y ampliamente utilizado. Mucho más claramente expresa la esencia del método descrito de sostener la raqueta con otro término: "agarre horizontal". Una raqueta con agarre horizontal se coloca en la palma de la mano, como la mano de un amigo con un apretón de manos. El borde de la raqueta se dirige hacia el hueco entre el pulgar y el índice. El pulgar está en el borde de la almohadilla de goma en un lado del plano de la raqueta, el dedo índice está en el borde del otro lado de la raqueta. Los dedos medio, anular y meñique agarran y sostienen fácilmente la raqueta por el mango, sin apretarla. La raqueta está en posición horizontal. Con la posición correcta en la mano, la raqueta es una extensión de la misma, y será tan fácil y natural usar la raqueta en el juego como si el golpe se ejecutara con la propia mano. Esta posición de la raqueta en la mano (la continuación de la mano) es especialmente importante, porque solo la circunferencia del plano de la raqueta con el pulgar y el índice no garantiza las capacidades universales del agarre horizontal. Un pequeño giro de la raqueta en la mano o la flexión de la muñeca en una u otra dirección saca la raqueta del plano del antebrazo y hace que los movimientos sean antinaturales, complejos, limitados en amplitud. Tales desviaciones son, en mi opinión, errores técnicos graves y limitan las posibilidades de juego del atleta. Las yemas de las falanges terminales de los dedos pulgar e índice son muy sensibles. Esto es fácil de ver en la experiencia cotidiana: si desea sentir algo de grosor, suavidad, esponjosidad, etc., primero usamos las falanges finales del pulgar y el índice. Su actividad en el agarre y, por lo tanto, en la ejecución de los golpes, determina en gran medida las características específicas del agarre, la técnica y el estilo. La participación activa de la yema de la falange final del pulgar contribuye a una sensación más sutil, una "sensación de la pelota" más sutil al ejecutar golpes de revés. La participación activa de la almohadilla de la falange final del dedo índice contribuye a una sensación más sutil, una "sensación de la pelota" más sutil cuando se ejecutan golpes de derecha. Solo el agarre, en el que las superficies del plano de juego de la raqueta tocan las almohadillas de las falanges terminales y los dedos pulgar e índice, le permite realizar con precisión las técnicas técnicas del juego tanto a la izquierda como a la derecha. Los experimentos más simples confirman el valor de las sutiles sensaciones táctiles al realizar golpes.

Suministros:

1. Servicio directo, servicio en un ligero ángulo: en el primer caso, la pelota no gira, en el segundo caso, gira;

2. Péndulo: la mano describe un semicírculo, va primero hacia abajo, hacia un lado, luego hacia arriba, hacia un lado. La postura del jugador depende de si se golpea el lado abierto o cerrado de la raqueta. En un caso será del lado derecho, en el otro del lado izquierdo;

3. Virar: la mano describe un semicírculo, con el lado convexo dirigido hacia arriba. La pelota es golpeada en la parte de salida de la trayectoria, en el punto más alto o al final del movimiento. Esto determina la rotación superior, lateral o inferior.

Golpear la pelota:

1. De pie: la raqueta simplemente se sustituye por la pelota, y esta, habiendo volado, como si rebotara en ella.

Técnica defensiva pasiva. En este caso, a la pelota no se le da ninguna rotación o velocidad. Pero se realiza, por regla general, a medio vuelo, y esto solo deja al enemigo un poco de tiempo para nuevos ataques. Se realiza sin un avance importante de la raqueta hacia adelante, sin un swing y un giro significativo de la mano (y, en consecuencia, de la raqueta). Se utiliza la reserva de energía dada a la pelota por las acciones de golpe del oponente. El ángulo de avance de la raqueta se selecciona experimentalmente por separado para cada tipo de rotación": por separado para recibir rolls, por separado para recibir topspins, por separado para recibir socavaduras. Incluso para diferentes tipos de rolls, topspins y socavaduras, debe elegir su propio ángulo de la raqueta al ejecutar golpes de derecha e izquierda con el soporte.

2. un Roll es un golpe en el que la raqueta se inclina hacia adelante desde el jugador y, como si golpeara la pelota desde arriba, la hace girar durante el vuelo. El rebote de tal golpe es alto y agudo.

Rollo corto: el contacto de la pelota con la raqueta se produce sobre la mesa, a veces muy cerca de la red. El movimiento de la mano debe ser muy rápido. El golpe se suele realizar en el despegue, este giro suele llamarse rápido.

Un rollo largo es un tipo de golpe de derecha en el que la pelota y la raqueta hacen contacto relativamente lejos del borde trasero de la mesa.

3. "Vela" es un golpe a una pelota que rebota muy por encima de la red. La pelota es golpeada en el punto más alto de despegue. Prácticamente, esta bola no se refleja.

4. Un corte es un tiro en el que la bola se une a una rotación inferior. Su trayectoria de vuelo es baja aquí.

Esta técnica aparentemente modesta afecta en gran medida el curso del juego. Te permite reducir las capacidades de ataque del oponente e incluso "deshabilitar" por completo el ataque del oponente.

Tanto los recién llegados como los campeones del mundo utilizan este golpe. Y la calidad del corte (poda, "pitch") a menudo determina si el oponente podrá actuar libremente en la mesa. Lo mejor es golpear la pelota lo antes posible, preferiblemente con media volea, o incluso antes, por así decirlo, literalmente "raspar" la pelota tan pronto como toca la superficie de la mesa. Es necesario enviar la pelota el mayor tiempo posible, es deseable que la pelota después de rebotar en el lado del oponente vuele hacia la mesa, alejando así al oponente de la mesa. Los puñetazos se ejecutan, como en el socavado convencional, debido a un balanceo activo y extensión del brazo en la articulación del codo con el antebrazo, pero el golpe se realiza en la parte inferior de la pelota, la raqueta pasa completamente por debajo de la pelota.

5. Giro superior: significa el giro superior "más alto". La pelota, que ha recibido una rotación superior súper fuerte, tiene una trayectoria de vuelo más curva, vuela más lento, pero cuando interactúa con la mesa y la raqueta tiene un rebote rápido e inesperado, es más fácil de controlar y más confiable para llegar a ella. el punto deseado de la mesa.

6. Undercut – utilizado para reflejar golpes fuertes del oponente: rolls, top spins, golpes finales y golpes ejecutados a media y larga distancia de la mesa.

RECORTE A LA DERECHA

Antes del impacto, el atleta se despliega en la posición correcta, el dedo del pie derecho mira hacia la derecha, el pie izquierdo gira ligeramente hacia la derecha. Los hombros también se despliegan: el hombro derecho se deja a un lado para el swing hacia atrás y hacia arriba; el hombro derecho está ligeramente más alto que el izquierdo antes del golpe. En el momento del impacto, el ángulo entre el hombro y el torso es de 35 grados, el ángulo de flexión del brazo en la articulación del codo es agudo.

El swing se realiza principalmente con el antebrazo hacia arriba debido a la flexión del brazo en el codo, la punta de la raqueta se levanta hacia arriba. En general, el antebrazo en este golpe sirve como mecanismo de choque, el movimiento acelerado del antebrazo, realizado debido a la extensión enérgica del brazo en el codo, se asemeja a un golpe de martillo en la cabeza del clavo.

El codo se baja, pero no se presiona contra el cuerpo.

Durante el golpe, el cepillo gira (¡no gira!) la raqueta desde una posición en la que la raqueta se desvía hacia atrás hasta una posición casi horizontal, realizando un golpe en la mitad inferior de la espalda y en la base de la pelota.

El hombro se mueve hacia adelante desde la posición trasera y permite que la raqueta se mueva hacia adelante.

El torso transfiere el centro de gravedad del cuerpo de la pierna derecha a la izquierda, lo que proporciona un movimiento adicional de la raqueta hacia adelante y aumenta la aceleración. El hombro derecho al final del golpe está delante y debajo del izquierdo.

Para que el corte de la mano derecha se vuelva desagradable para el oponente, rápido, agudo, que obligue a jugar pasivamente, se deben cumplir dos condiciones: la primera, realizar el golpe estrictamente frente al torso del atleta, la segunda, combinar la aceleración del antebrazo y la transferencia del centro de gravedad del cuerpo.

La secuencia de entrada de las partes individuales del brazo y el tronco en el golpe es la misma: la mano, luego el antebrazo, el hombro y el tronco.

Si el ángulo entre el hombro derecho y el torso es inferior a 30 grados en el momento en que la pelota y la raqueta entran en contacto, entonces el atleta está demasiado cerca de la pelota y es necesario "moverse" hacia la izquierda. Si en el momento en que la pelota y la raqueta entran en contacto, el ángulo entre el hombro derecho y el torso es de más de 60 grados, o el ángulo de la flexión del brazo en la articulación del codo es romo, esto significa que el atleta está demasiado lejos de la pelota y es necesario moverse hacia la derecha, acercarse a la pelota.

RECORTE A LA IZQUIERDA

Antes de la patada, el atleta toma una posición frente a la mesa. El pie del pie izquierdo está ligeramente girado con la punta hacia la izquierda. El hombro derecho está ligeramente más alto que el izquierdo.

El hombro derecho está en una posición baja sin tensión, casi tocando el tronco. La ausencia de tensión en el hombro es fácil de comprobar: si el antebrazo está retrasado respecto al cuerpo con el codo adelantado, significa que está tenso.

En el momento del impacto, el ángulo de curvatura en la articulación del codo es agudo. El swing obligatorio se realiza principalmente con el antebrazo, hacia arriba, doblando el brazo por el codo, la punta de la raqueta se levanta cuando el swing está hacia arriba.

Cuando se golpea la pelota, el brazo se flexiona intensamente en la articulación del codo y la mano continúa moviéndose en la dirección del impacto para dar a la pelota la máxima velocidad y rotación.

El antebrazo también juega el papel de un mecanismo de golpeo en este golpe, el movimiento acelerado del antebrazo le da a la pelota velocidad y carácter ofensivo.

El cepillo gira durante el contacto de la pelota y la raqueta (¡no da la vuelta!) la raqueta desde la posición cuando se desvía hacia atrás hasta una posición casi horizontal, realizando un golpe en la mitad inferior de la espalda y en la parte inferior de la bola.

El hombro se mueve hacia adelante desde la posición trasera y permite que la raqueta se mueva hacia adelante.

El torso transfiere el centro de gravedad del cuerpo desde la parte posterior de la pierna de pie (generalmente la izquierda) hacia la parte delantera (generalmente la derecha); preste especial atención a esto, proporcionando así un movimiento adicional de la raqueta hacia adelante, aumentando la aceleración.

El hombro derecho al final del golpe está delante y debajo del izquierdo.

Un golpe de revés es desagradable para el oponente, rápido, brusco si se cumplen las siguientes condiciones: primero, el golpe se ejecuta justo en frente del jugador (como tuvieron que explicar los niños, justo en frente del emblema en el pecho), y esto requiere un trabajo de pies serio. tomar una posición directamente detrás de la pelota en cada golpe, incluso al desviar golpes oblicuos hacia la izquierda; segundo, combinar la aceleración del antebrazo (extensión vigorosa del brazo en el codo) y la transferencia del centro del peso corporal.

La secuencia de entrada de partes individuales del brazo y el torso en el golpe es la misma: la mano, el antebrazo, el hombro, el tronco. Si en el momento en que la pelota y la raqueta entran en contacto, la pelota está a la izquierda del atleta y el atleta estira su brazo para desviar el golpe, esto significa que el atleta debe moverse a la izquierda.

Si en el momento en que la pelota y la raqueta entran en contacto, el atleta se ve obligado a mover el codo hacia la derecha del torso para desviar el golpe, esto significa que el atleta debe moverse hacia la derecha.

NUEVE PRINCIPIOS PARA REALIZAR UNA HUELGA

Es común estudiar los golpes de los jugadores destacados a partir de fotos, películas y videos. Pero todos estos "gramos" solo dan una idea sobre el dibujo externo del impacto, y no se pueden mostrar muchos matices de juego extremadamente importantes en tales fotos, películas y videogramas. A continuación se presentan los principios para ejecutar golpes que no son visibles o se ven mal en la imagen, pero que determinan en gran medida la efectividad de los golpes en el tenis de mesa.

Estos principios se aplican a cualquier tipo de ataque o ataque defensivo. Un tiro realizado de acuerdo con estos principios es el más confiable en términos de precisión, es el más peligroso para el oponente en una serie de características: la velocidad de vuelo de la pelota, la fuerza y la velocidad de rotación.

- Primero tome una posición de golpe, y solo luego realice el golpe.

- Cada brazada se realiza delante del torso.

- Cada patada debe hacerse en el punto más alto del rebote de la pelota.

- El movimiento de la raqueta debe dirigirse hacia adelante tanto como sea posible.

- Cada bola necesita hacer conscientemente la rotación.

- Cuando la raqueta está en contacto con la pelota, no es la velocidad absoluta de la mano y la raqueta lo que es importante, sino la cantidad de aceleración.

- El peso del cuerpo durante el impacto debe transferirse de la pierna de atrás a la pierna de adelante.

- La transferencia de la gravedad del cuerpo y la aceleración del movimiento de impacto deben coincidir en el tiempo.

- Cada golpe debe tener un backswing.

Es erróneo, por supuesto, suponer que la implementación de tres o cuatro de estos principios garantiza una calidad de impacto bastante decente. Todos ellos, estos principios están fuertemente ligados entre sí. Sólo la observancia exacta de todos estos puntos fundamentales garantiza la verdadera propiedad y gestión de la tecnología. Solo el dibujo externo de un golpe de un atleta puede diferir del dibujo externo del mismo golpe de otro, cada uno tiene sus propias características morfológicas y de velocidad.

El conocimiento, la comprensión y la asimilación de los principios básicos de la ejecución de los golpes aseguran la formación de una técnica de juego individual y estable. En el aspecto técnico del juego, es solo que el enemigo "no da" la oportunidad de realizar un ataque en condiciones ideales, de acuerdo con todos los principios fundamentales, y brindarte la máxima oportunidad para hacerlo.

PRINCIPIO UNO

PRIMERO TOMA UNA POSICIÓN PARA REALIZAR EL GOLPE, Y SÓLO LUEGO REALIZA EL GOLPE.

La criatura siempre comienza con los pies, no con las manos. En realidad, no es una persona muy común y normal en la vida cotidiana, y requiere una habilidad especial de educación. Por supuesto, la observancia exacta del primer principio requiere una muy alta calidad de trabajo de piernas y técnicamente superior en términos de velocidad - muy rápido. La calidad del golpe se reduce drásticamente si se realiza en movimiento. Dar puñetazos mientras se mueve, estirar la mano o el torso para recibir pelotas oblicuas, todas estas son violaciones de este primer principio.

EL SEGUNDO PRINCIPIO

CADA GOLPE DEBE REALIZARSE DELANTE DEL TORSO DEL JUGADOR.

Es de frente, no de lado, no de atrás. El cumplimiento de este principio garantiza la actividad de todos los golpes, facilita el avance máximo de la raqueta hacia adelante, le permite enviar la pelota hacia adelante, por el camino más corto.

PRINCIPIO TRES

CADA PATADA DEBE REALIZARSE EN EL PUNTO MÁS ALTO DEL REBOTE DE LA PELOTA.

En cualquier caso, esto debe buscarse, porque:
• la distancia desde este punto es siempre la más corta por la longitud del recorrido y, por lo tanto, por la duración del vuelo de la pelota, lo que determina la reducción del tiempo que le queda al oponente para prepararse para la respuesta;
• en el punto más alto del rebote, la pelota gira mucho menos que en otras etapas de su vuelo, y la rotación tiene menos efecto sobre el impacto;

* golpear la pelota en el punto más alto de su rebote asegura el máximo movimiento hacia adelante de la raqueta.

PRINCIPIO CUATRO

EL MOVIMIENTO DE LA RAQUETA DEBE ESTAR DIRIGIDO HACIA ADELANTE LO MÁS POSIBLE.

Al extender o extender el contacto de la pelota con la raqueta (especialmente al recibir servicios), puede imponer de manera más confiable "su" rotación sobre la pelota. No estamos hablando de estirar el golpe en el tiempo, sino solo de aumentar la longitud de la trayectoria de interacción entre la pelota y la raqueta, pero en una unidad de tiempo corta.

PRINCIPIO CINCO

CADA BOLA DEBE SER ROTADA CONSCIENTEMENTE.

El cumplimiento de este principio garantiza el vuelo de la pelota para una trayectoria curva confiable y no caerá dentro de la red, porque la pelota tiene un espacio libre por encima de la rejilla y la mesa caerá en lugar de en el vuelo recto de la pelota. Además, incluso cuando te retrasas en los movimientos, incluso cuando no puedes cumplir completamente con todos los demás principios de realizar un golpe, dar rotación a la pelota dificulta que el oponente realice golpes fuertes.

PRINCIPIO SEIS

ES IMPORTANTE EL CONTACTO DE LA RAQUETA CON LA PELOTA, NO LA VELOCIDAD ABSOLUTA DE MOVIMIENTO DEL BRAZO Y LA RAQUETA, NI LA ACELERACIÓN.

La velocidad inicial de aproximación de la raqueta a la pelota aumenta muchas veces durante un golpe competente. En los años 70, una investigación del científico de Minsk AL Weinstein mostró cómo aumenta la velocidad de los jugadores altamente calificados durante un golpe. Por ejemplo, con el famoso golpe de derecha del sueco C. Johansson, que tronó en los años setenta, la velocidad de la raqueta aumentó durante el golpe 128 (!) veces, mientras ejecutaba el no menos famoso golpe izquierdo de ataque de S. Gomozkov. - por 26 veces.

La aceleración (aumento de la velocidad final del impacto con respecto a la inicial) puede alcanzar una cifra elevada no sólo aumentando la velocidad final - porque las posibilidades de aumentar la velocidad final no son ilimitadas- sino también mediante una disminución razonable de la uno inicial Por cierto, la velocidad inicial relativamente pequeña del movimiento de impacto le permite evaluar con calma, sin problemas, la situación del juego y la posición del enemigo y, si es necesario, en el último momento para controlar activamente la dirección, la velocidad y la naturaleza de rotación. En todos los casos, la velocidad de movimiento de la mano y la raqueta debe ser tal que pueda aumentarse significativamente.

PRINCIPIO OCHO

LA TRANSFERENCIA DE LA GRAVEDAD DEL CUERPO Y LA ACELERACIÓN DEL MOVIMIENTO DE CHOQUE DEBEN COINCIDIR EN EL TIEMPO.

Es esta combinación temporal la que le permitirá realizar golpes rápidos y al mismo tiempo fuertemente retorcidos. Externamente, en el juego, tales golpes tienen un sonido similar a un clic y visualmente se ven ligeros y relajados. Si la transferencia de peso corporal y la aceleración "se separan", los golpes parecen pesados y torpes.

PRINCIPIO NUEVE

CADA GOLPE DEBE TENER UN SWING.

El cumplimiento de este principio le permite tener una velocidad inicial en cada impacto, que puede aumentarse aún más. Y no es bueno golpear sin swing (a veces, así intentan "enmascarar" sus acciones). El juego sin backswing conduce al hecho de que la velocidad de la raqueta al comienzo del impacto es cercana a cero, y es difícil de aumentar, y los golpes se ejecutan principalmente a expensas de la energía de la pelota que llega. Los columpios pueden ser muy diferentes en forma (apariencia), tamaño y velocidad. Es importante que se proporcionen los ángulos y velocidades correctos cuando la pelota y la raqueta entren en contacto.

Como en cualquier juego, las reglas del tenis de mesa tienen como objetivo hacer que el proceso sea interesante, minimizando los puntos controvertidos y haciendo que la competencia sea comprensible y correcta.

En resumen, me gustaría señalar que actualmente la gente puede y le encanta jugar al tenis de mesa. Su experiencia laboral demuestra que disfrutan jugando al tenis de mesa. La efectividad de estas clases será significativamente mayor si la persona domina una técnica racional y tácticas de juego. Un enfoque flexible de una persona, el uso activo de ayudas visuales y la visualización también tienen un efecto positivo en el entrenamiento. Las clases deben contener algo nuevo si es posible.

Para desarrollar y mejorar la velocidad de reacción y la capacidad de observar el vuelo de la pelota se pueden utilizar los siguientes ejercicios:

1. el Entrenador (o compañero) cambia constantemente el ritmo de ejecución de los golpes y la velocidad de vuelo de la pelota. El estudiante atleta es responsable por el ritmo, por ejemplo, todas las pelotas sólo las refleja exactamente en el punto más alto del rebote de la pelota (o sólo en la Pauleta, o sólo en la caída de la pelota, etc.). El ejercicio puede ser complicado: por ejemplo, dada la tarea - a una cierta velocidad de la pelota se hace que responda con ritmo (por ejemplo, todos los golpes

rápidos para responder golpes en el punto más alto del rebote de la pelota, y todos los golpes lentos -balones voladores y strikes con Pauleta, etc.).

2. el Entrenador (o compañero) cambia constantemente la naturaleza de la rotación, la longitud del vuelo de la pelota, las pelotas "recortadas" se alternan con rodadas, paradas y golpes planos. El alumno debe responder a todos estos golpes con golpes precisos de la pelota a un ritmo uniforme. El ejercicio puede ser complicado y variado al ofrecer responder a cierto tipo de rotación con un determinado tipo de ataque de represalia. Por ejemplo, se estipula que un atleta debe responder a todas las pelotas recortadas con un top spin, contraatacar a todos los golpes con un top spin, etc. Entrenar la velocidad de reacción a los cambios en la naturaleza de la rotación es mucho más productivo e interesante si el condicionamiento de las acciones de respuesta no es abstracto, sino que tiene una orientación táctica.

3. El Entrenador (o compañero) envía pelotas que difieren en la dirección del vuelo, mientras crea las condiciones más difíciles para que el alumno responda: la dirección del vuelo de la pelota cambia arbitrariamente con cada golpe. En este caso, el entrenador (compañero) crea condiciones más fáciles para vencer: las bolas se le envían en su lado más fuerte. El entrenador (compañero) en este ejercicio debe mostrar el máximo ingenio y, yo diría, ingenio en la elección de la dirección de sus golpes. Solo los movimientos no estándar, "no estampados" (que son difíciles de predecir) contribuyen realmente a mejorar la observación y la velocidad de reacción a los cambios en la dirección del vuelo de la pelota. Al mismo tiempo, debe recordarse que, a menudo, la mayor dificultad no es tanto alternar bolas en diferentes direcciones, como golpes repetidos inesperadamente en el mismo lugar. Las respuestas competentes más difíciles de realizar son las bolas que se dirigen inesperadamente directamente al jugador.

Los ejercicios relacionados con cambiar la dirección del vuelo de la pelota pueden (y deben) ser variados y complicados, poniendo dificultades adicionales frente al alumno de antemano: puede, por ejemplo, bajar la red, lo que agravará las acciones del entrenador (compañero), concretamente levantar la pelota a mayor altura para que el entrenador (o compañero) pueda ejecutar los golpes con mayor fuerza.

Cuando se entrena la reacción a un cambio en la dirección del vuelo de la pelota, se incrementan los requisitos para observar la pelota en el momento de su contacto con la raqueta del oponente. Después de todo, si la velocidad y la rotación de la pelota se pueden medir no solo a través del analizador visual, sino también usando, por ejemplo, el auditivo, para determinar la dirección de vuelo de su pelota (la pelota) necesita VER, para ver tan pronto como sea posible, solo esto determinará la respuesta de elección correcta.

La efectividad de todos estos ejercicios aumenta dramáticamente a medida que se acercan al juego, al ambiente competitivo. Un juego de puntuación extremadamente efectivo, en el que un atleta ataca en cualquier dirección y el otro dirige todas las bolas a una mitad determinada de la mesa, mientras que todo el juego, incluidos los servicios, se lleva a cabo mediante contraataques. La práctica muestra que en un ejercicio de juego de este tipo, una desventaja de siete u ocho puntos es suficiente para igualar las condiciones de juego de dos jugadores aproximadamente iguales.

Combinar todos los tipos de reacciones (cambiar la velocidad de la pelota, el cambio de rotación, cambiar la dirección de vuelo de la pelota) es bastante difícil, por lo que debe entrenar gradualmente tipos de respuesta separados y luego ingresar al proceso de entrenamiento de ejercicios. , combinando el entrenamiento de dos tipos de reacción, en varias combinaciones, y solo después de eso para proceder al entrenamiento integrado de la capacidad de respuesta.

Ampliar y mejorar los métodos de entrenamiento de la velocidad de reacción y la capacidad de observar la pelota y las acciones preparatorias del oponente es una de las principales vías para mejorar el tenis de mesa, un juego en el que el tiempo de reflexión de los golpes se vuelve cada vez más decisivo. factor.

La singularidad de la tecnología de tenis de mesa de mi autor es, en primer lugar, que le permite mejorar la motilidad de los músculos grandes y pequeños, fortalece la articulación del hombro, los bíceps, los tríceps y los músculos de la mano, es decir, tiene un efecto integral en la salud. En segundo lugar, la tecnología de este autor único se puede utilizar para entrenar a diferentes grupos de atletas, ya que tiene un efecto en el aumento de la velocidad de reacción. Los boxeadores y kickboxers que se desempeñan profesionalmente y entrenan regularmente su reacción pueden ser entrenados. Cabe señalar que por el momento el deporte más rápido es el tenis de mesa, ya que aquí se alcanzan las mayores velocidades del juego. Esto indica no solo la singularidad, sino también el uso generalizado del tenis de mesa, ya que esta técnica también es adecuada para el proceso de entrenamiento en otros deportes como herramienta para aumentar la velocidad de reacción.

Cuando un jugador tiene en cuenta constantemente el panorama general del partido y cuenta los puntos en el marcador, también está entrenando, está clasificando posibles tácticas, mientras sigue mirando continuamente la pelota, sin perderla de vista ni por una fracción. de un segundo, y el juego va a una velocidad increíble. La máxima concentración de atención es un componente necesario para el éxito en el tenis de mesa. Por lo tanto, se recomienda a los niños que jueguen tenis de mesa regularmente para aumentar su atención.

También tengo una tecnología innovadora, esto es de mi conocimiento reciente, entrenamos, hemos combinado dos métodos: hay clavos, esto es pararse sobre clavos y al mismo tiempo la persona todavía entrena sus ojos, menta con mi la tecnología, le doy, acuña una pelota con una raqueta. Entonces, ¿qué sucede? Él entrena los pies, en los pies tenemos la parte más gruesa de la piel, también realizo esas clases magistrales, tenemos 90 mil terminaciones, esto acelera el metabolismo, comienzas a trabajar con tu psicología, eliminas algunas restricciones físicas, bloqueos, cambia, céntrate en los pies dolor en las uñas de los pies céntrate en controlar el balón, así cambias tu atención de los pies al balón y entrenas sólo una mentalidad, otra mentalidad. En otras palabras, administras tu fortuna.

Pararse sobre clavos es una práctica multifuncional que puede ayudarlo a mejorar su salud, despejar su mente, endurecer su voluntad y muchas otras cosas que puede hacer con este tablero. Dependiendo de la tarea, puede pararse en el tablero varias veces al día y todas las mañanas, aumentando gradualmente el tiempo que pasa en el tablero.

La Junta es una buena oportunidad para fortalecer la voluntad y el autocontrol, así como para aprender fácil y rápidamente a implementar sus intenciones y sueños en la vida. El método de operación es muy simple, debe pararse en el tablero con los pies descalzos durante un minuto.

En Rusia, el equivalente de las tablas indias con clavos son varios aplicadores espinosos, como el aplicador Kuznetsov, Lyapko, etc. Estos aplicadores han sido aprobados por la medicina moderna durante mucho tiempo y se usan ampliamente en varios centros de rehabilitación. Se utilizan principalmente para restaurar el alto rendimiento de las personas en diversas condiciones, aumentar el tono del cuerpo, mejorar la circulación sanguínea y están muy bien probados para aliviar el estrés y restaurar el sueño. También aumentan el rendimiento y mejoran la velocidad de pensamiento. Por supuesto, tienen un efecto positivo en la salud, pero no pueden reemplazar el tablero con clavos.

Para restaurar la salud, una tabla con clavos es casi un dispositivo ideal. Salud - de pie sobre una tabla con clavos.

Como muestra la práctica de comunicarse con personas que se ponen de pie todos los días o intentan ponerse de pie todos los días, los beneficios de esta actividad son realmente grandes. Los beneficios de pararse sobre una tabla con clavos se trasladan al mundo interior de la persona, aumenta la fuerza de voluntad, el deseo de perseverancia y se activan las fuerzas vitales.

Creo que no es ningún secreto que pararse sobre una tabla con clavos tiene un efecto curativo en nuestro cuerpo. ¿Qué se necesita? Solo un poco, de pie durante un minuto todos los días, se le proporciona alegría de cuerpo y espíritu.

El cuerpo percibe el impacto de las uñas, como si hubiera un desgarro en el pie y toda la bioquímica interna y todas las sustancias que están diseñadas para combatir infecciones, curar heridas, las arroja en dirección al pie. Hay zonas biológicamente activas en el pie, pero no hay espacio, solo pequeñas abolladuras de las uñas y toda esta bioquímica va al cuerpo donde hay fenómenos estancados, focos de enfermedades crónicas. Todo esto lleva al hecho de que estas sustancias internas erosionan la congestión, entrenan el músculo cardíaco y fortalecen el sistema nervioso. Al mismo tiempo, enfermedades como las venas varicosas, las hemorroides pueden pasar, los órganos pélvicos y los riñones se recuperan. Porque el área de proyección de los riñones se encuentra en la base de los dedos de los pies. Además, la visión mejora, debido al hecho de que las glándulas suprarrenales, el páncreas comienzan a funcionar, el sobreesfuerzo crónico de los músculos pasa y la persona comienza a ver mejor. Si en la mente hay varios tipos de insatisfacción con su desafortunado destino, autoexamen, incredulidad en su propia fuerza, entonces los clavos están bien quitados y dan una poderosa confianza en su propia fuerza y en el futuro.

Desde el punto de vista médico, pararse sobre una tabla con clavos es extremadamente beneficioso para todo el cuerpo.

La piel de nuestros pies tiene una gran cantidad de zonas reflejas.

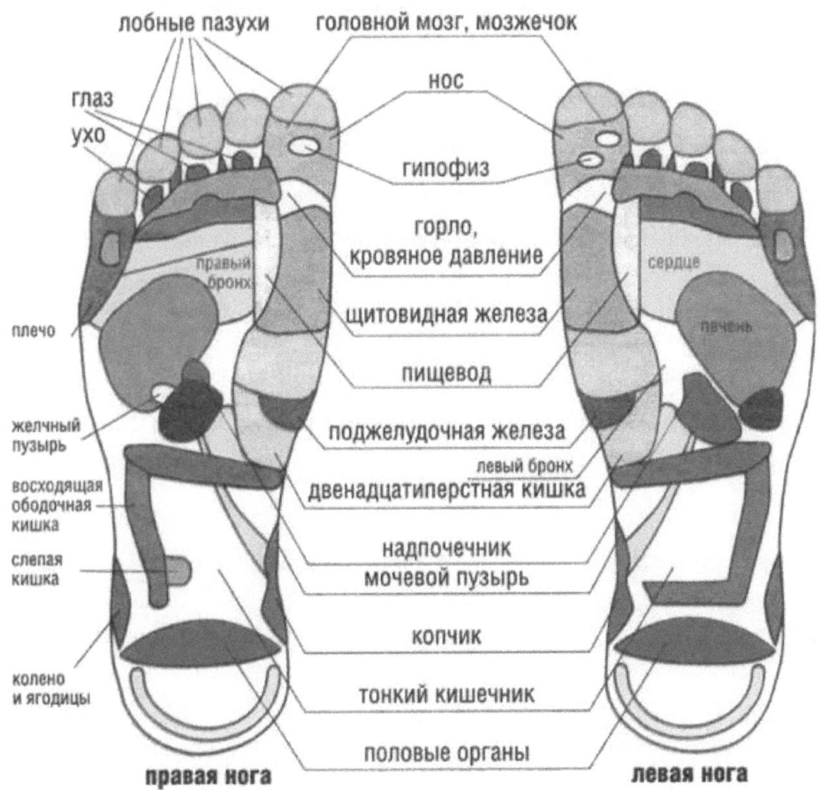

Cuando una persona se para sobre una tabla con clavos, se masajean casi todos los órganos y la sangre circula uniformemente por todo el cuerpo:

- los pies mismos están entrenados, todos los pequeños huesos, ligamentos y micro-músculos que normalmente no están involucrados están activados; el cuerpo se rejuvenece, todos los órganos pélvicos se restauran;

- agudiza la percepción intuitiva;

- mejora y cura el trabajo del sistema nervioso;

- desarrollar cualidades tales como perseverancia y perseverancia;

- desaparecen muchos miedos que a veces se viven desde la niñez, y cambian las ideas sobre uno mismo y sus capacidades.

Un minuto de pie sobre clavos equivale a caminar 15 km descalzo.

5 minutos de pie sobre las uñas por la mañana es más vigorizante que una taza de café o un trote matutino. La primera vez que probé esta práctica en un festival de yoga, después de lo cual los signos de falta de sueño y dolor de cabeza desaparecieron de inmediato. Inmediatamente encontré un fabricante de uñas y pedí uno.

Probablemente hayas visto una foto de la era soviética de un yogui sentado cómodamente o durmiendo en una tabla con clavos. Incluso existía la opinión popular de que los verdaderos yoguis duermen de esta manera.

Luego, esta práctica exótica e impresionante se reflejó en la invención de II Kuznetsov, conocido como el "iplicador de Kuznetsov" (ver también el artículo "Miracle Shakti-Mat").

Ivan Kuznetsov no era médico, pero trató de curar una enfermedad contra la que la medicina tradicional era impotente. Estudió los trabajos de la medicina oriental y construyó un dispositivo con muchas agujas de plástico punzantes.

Ahora también popular aplicador Lyapko, que consta de agujas de varios metales.

Pero incluso estos notables inventos no se comparan con la placa real en términos de impacto.

El solsticio, el Tablero de los santos yoguis, el Tablero del Sadhu, el Tablero del Rishi... puedes encontrar diferentes nombres para este elemento. He estado buscando información sobre cómo surgió la práctica, quién la describió por primera vez y la aplicó, pero no he encontrado una respuesta completa. Sin embargo, el solsticio, junto con caminar sobre brasas, se está convirtiendo en una práctica bastante común en Rusia.

¿Para qué sirven las uñas?

Quienes caminan descalzos sobre cualquier superficie durante todo el año, como el propio yoga, inciden constantemente en la superficie de los pies, reduciendo el umbral del dolor, activando puntos reflexogénicos. Nosotros, los ciudadanos comunes, incluso caminamos en una playa de guijarros en chanclas: nuestros pies se han vuelto tan sensibles y dolorosos.

Entumecimiento de los pies, movilidad reducida de los dedos de los pies, "huesos" en crecimiento: nuestro pago por el uso constante de zapatos.

Muchas personas han experimentado el asombroso efecto del solsticio. Cualquier reflexólogo dará una explicación razonable: nuestro pie tiene una gran cantidad de puntos biológicamente activos asociados con los órganos internos, el impacto en estos puntos tiene un fuerte efecto tónico y estimula el trabajo de todos los sistemas del cuerpo: digestivo, cardiovascular, nervioso, hormonal, etc

Pero no se trata sólo de puntos biológicamente activos, cuya existencia aún cuestiona la medicina oficial. El impacto de las uñas afiladas causa un dolor bastante notable (irritación), en respuesta a lo cual el cuerpo emite reacciones protectoras: aumenta el flujo sanguíneo, funciones antiinflamatorias, mejora el suministro de sangre a los órganos internos, incluido el cerebro, activa los sistemas hormonal e inmunológico, y otros.

Estas reacciones protectoras ayudan como resultado a combatir la verdadera enfermedad, así como a "endurecer" el organismo, preparándolo para posibles condiciones ambientales adversas.

Una ventaja adicional de los ejercicios regulares con la tabla será la corrección de peso, para aquellos que pierden peso constantemente, reduciendo el tiempo necesario para dormir y recuperarse, y mejorando el rendimiento. Esto es solo una consecuencia de un poderoso efecto curativo en el cuerpo.

Más trabajo o meditación

Para aprender a pararse en el tablero durante unos minutos, llevará tiempo. Incluso si solo puede estar de pie durante 20-30 segundos, esto es muy bueno, pero sentirá el verdadero beneficio de la práctica después de unas pocas semanas de entrenamiento. Los mecanismos descritos anteriormente comienzan a funcionar después de 1-2 minutos de estar de pie, cuando desaparece el shock inicial y comienza a relajarse y acostumbrarse al dolor.

Configuré el cronómetro en 5 minutos, porque siento que el tiempo durante la práctica transcurre de manera completamente diferente y siempre me sorprendo cuando el cronómetro comienza a sonar, porque después de 3-4 minutos el dolor desaparece por completo y hay una mayor de lo habitual. claridad de pensamiento y concentración.

Qué hacer a continuación es tu elección: alguien medita, alguien practica la ausencia de pensamientos, trabaja para fortalecer la voluntad y la concentración. Toco música hermosa.

Puede haber un deseo de acciones espontáneas como la risa, las lágrimas o los gritos, por lo que estallan emociones profundamente ocultas. Los movimientos espontáneos de las manos, una respiración profunda y uniforme, la relajación de las pinzas musculares: todo esto disuelve los bloques de nuestra conciencia, destruye los viejos estereotipos estables.

Aquí hay un par de consejos más para aquellos que han decidido comenzar a practicar el solsticio:

COMIENZO

✔ Cualquier intervalo de clavos es adecuado para estar de pie. En cualquiera se parará no cómodamente. ¡Cuanto más corto sea el intervalo, más fácil será el comienzo!

✔ Haz que tu práctica sea lo más cómoda posible. Elija música que no distraiga.

Es bueno observar los pensamientos, y antes de comenzar a sintonizar y calmarse, no "termine".

SUPERANDO

✔ En la práctica de la bipedestación, es importante superar el límite de los 5 minutos y entonces todas las sensaciones asociadas al dolor se atenuarán y la actitud ante la práctica cambiará.

PRÁCTICA PERMANENTE

✔ Comience con 20-40 segundos, aumentando el intervalo secuencialmente. Haz un entrenamiento de 15 minutos antes. Comience a hacer los movimientos más simples mientras está de pie; esto es más difícil, pero la práctica tampoco es fácil. Avanzar hacia la máxima complicación suave de sensaciones, pero sin pasarse.

TRABAJANDO CON LA MENTE

Uno de los objetivos de ponerse de pie es calmar las fluctuaciones emocionales y mentales.

Hay quienes abandonaron la práctica sin esperar los resultados evidentes, que son en esencia las mismas manifestaciones de una MENTE INQUIETA.

Observe cualquier manifestación de emociones (ira, autocompasión, etc.), tratando de asegurarse de que estas manifestaciones no provoquen que el tablero se caiga.

AYUDA EN LA PRÁCTICA

✔ La práctica en las uñas ayuda a la disciplina y la continuidad en la práctica. La capacidad de sintetizar esta práctica de pie con otras actividades personales también ayuda

Trate de pararse con apoyo, sin apoyo, determine la tensión en el cuerpo, relájelos. Por lo general, los pies y las piernas están tensos hasta la rodilla, y se recomienda estirarlos en una inclinación con pases de masaje.

Es posible usar un paño fino o una toalla de waffle sobre las uñas para aliviar la sensación. La tela te ayudará a aprender los movimientos sobre las tablas, caminar, doblarse y otros ejercicios que son parte integral de la práctica o la siguiente parte de ella.

PASAR EL PRIMER NIVEL

✔ Es necesario permitir hasta 5-7 minutos de cualquier manera posible. Un estado después del cual te das cuenta de que puedes estar de pie todo el tiempo que puedas, y no hay resistencia del cuerpo, la mente está tranquila, pero se vuelve aburrida. En este punto, ha superado su primer nivel y hay interés en seguir investigando...

LISTA DE LITERATURA UTILIZADA, INFORMACIÓN DE PATENTES Y LICENCIAS

ANEXO 1

Patente de Estados Unidos   **10,065,068**
wilson   **4 de septiembre de 2018**

Aparato de rehabilitación de tobillo ajustable

Abstracto

Diversas realizaciones proporcionan un dispositivo de rehabilitación de tobillo ajustable para rehabilitar ligamentos desgarrados asociados con un esguince de tobillo. El dispositivo de rehabilitación puede incluir una plataforma plana asegurada a un zapato, y un riel de equilibrio unido de manera ajustable a la parte inferior de la plataforma y que se extiende de adelante hacia atrás. El riel de equilibrio está configurado para colocar selectivamente una cantidad deseada de tensión en el músculo medial o, alternativamente, en el músculo lateral ajustando el riel de equilibrio de lado a lado. El dispositivo puede incluir sujetadores ajustables para asegurar el riel de equilibrio en una posición deseada adyacente a la parte inferior de la plataforma.

APÉNDICE 2

Patente de Estados Unidos   **9,616,283**
Heineck, et al.   **11 de abril de 2017**

Dispositivo terapéutico

Abstracto

Se proporciona un dispositivo terapéutico de bajo estrés utilizando placas de pie y rieles de guía que tienen superficies de seguimiento operativas de bajo coeficiente de fricción soportadas por una plataforma. El dispositivo incluye un estabilizador de riel equipado con un rebaje o ranura que se extiende longitudinalmente y una placa de pie montada de manera deslizable que tiene en su parte inferior un saliente longitudinal retenido de manera deslizable dentro del rebaje del riel. El dispositivo terapéutico puede estar diseñado para operar bajo una tensión relativamente sin esfuerzo con un bajo coeficiente de fricción. El dispositivo terapéutico es útil para el reemplazo de rodilla, las víctimas de accidentes cerebrovasculares, la reparación del LCA y otros tratamientos terapéuticos que requieren un esfuerzo de movimiento inicial nominal para la rehabilitación. El dispositivo se puede proporcionar como un dispositivo de

uno o dos pies de un peso ligero particularmente útil en una posición sentada o
acostada del paciente.

APÉNDICE 3

Patente de Estados Unidos   **9,532,916**
Tsui, et al.   **3 de enero de 2017**

Dispositivo portátil de asistencia eléctrica para rehabilitación de manos

Abstracto

Un dispositivo de asistencia eléctrica portátil para la rehabilitación de la mano incluye
un aparato ortopédico para la mano que tiene una plataforma externa y una plataforma
interna conectada y espaciada hacia el interior de la plataforma externa. Los conjuntos
de cinco dedos están montados de manera ajustable y se extienden desde el extremo
distal de la plataforma externa. Cada ensamblaje de dedo incluye un ensamblaje de
seguidor proximal para una articulación metacarpofalángica. Se utilizan cinco
motores para accionar los conjuntos de cinco dedos respectivamente. Cada motor está
montado muy cerca de la plataforma externa y tiene un extremo conectado a la
plataforma externa y otro extremo acoplado a su seguidor proximal mediante una
rótula para facilitar la transferencia de fuerza y minimizar la tensión mecánica en las
otras partes del motor. dispositivo.

APÉNDICE 4

Patente de Estados Unidos   **7,255,619**
Rasmussen   **14 de agosto de 2007**

Dispositivo acuático de resistencia variable y métodos de uso del mismo.

Abstracto

Un dispositivo acuático se puede utilizar en un entorno acuático para una variedad de
propósitos, como fisioterapia, rehabilitación y/o ejercicio. El dispositivo acuático
permite a una persona simular un ciclo de marcha caminando o corriendo en el medio
ambiente acuático, reduciendo el estrés/esfuerzo asociado con caminar o correr en el
suelo. Un dispositivo acuático incluye un miembro receptor de pies acoplado
rotacionalmente a un miembro de aleta. El miembro de aleta, cuando está en una
posición extendida, proporciona mayor resistencia cuando la persona intenta caminar
o correr en el entorno acuático. Durante un paso de andar o correr, el miembro de
aleta se mueve a una posición plegada, reduciendo así la resistencia del agua sobre el

dispositivo acuático. El dispositivo acuático es adaptable y modificable para tener diferentes formas, diseños, tamaños, niveles de resistencia y/u otros aspectos.

APÉNDICE 5

Patente de Estados Unidos   **6,056,613**
Lucio   **2 de mayo de 2000**

Dispositivo de flotación polivalente con fines recreativos, de ejercicio, de instrucción y de rehabilitación

Abstracto

Una forma recientemente popular de ejercicio y terapia, los dispositivos de ejercicio acuático presentan condiciones operativas únicas para el cuerpo debido a su uso de resistencia al agua y su flotabilidad. Al hacer un uso adecuado de la resistencia al agua, estos dispositivos pueden proporcionar al cuerpo un excelente entrenamiento muscular y cardiovascular, al mismo tiempo, la flotabilidad que ofrecen estos dispositivos elimina el estrés y las lesiones asociadas con el impacto discordante de ejercicios en tierra como correr y aeróbicos. . También es un objeto de la presente invención proporcionar un dispositivo de ejercicio acuático que sea una unidad singular. El inventor comenzó a asistir a una clase de aeróbic acuático en 1995 por motivos de salud. Hacer ejercicio en el agua eliminó la mayor parte del dolor del movimiento, pero la inventora descubrió que todavía se estaba lastimando. Ella buscó alcanzar un estado verdaderamente ingrávido para acondicionar su cuerpo. Probó los diversos dispositivos proporcionados por las instalaciones de la piscina, pero ninguno resultó efectivo para lograr el entrenamiento sin impacto que estaba decidida a encontrar. Con un problema que resolver, el inventor experimentó, modificó y diseñó un dispositivo de flotación nuevo y mejorado que es singularmente diferente en su adaptabilidad a numerosas aplicaciones. Esta invención, un dispositivo de flotación singularmente diferente, va más allá de los diseños restrictivos de la técnica anterior diseñados para abordar uno u otro aspecto de la seguridad, el ejercicio, la rehabilitación o la recreación acuáticos. Esta invención se adapta al uso en una multitud de expresiones del yoga acuático, una sinergia única de la antigua cultura oriental y la tecnología moderna; a ejercicios aeróbicos acuáticos que incorporan actividades de mejora cardiovascular; rehabilitación de lesiones físicas o enfermedades; así como abordar los aspectos básicos de la seguridad en el agua y aprender a nadar. Un dispositivo de flotación para diversos ejercicios, instrucción, rehabilitación, fines terapéuticos y/o recreativos; esta invención proporciona soporte de flotación como ningún otro producto en el mercado debido a su diseño y flexibilidad únicos y al número múltiple de formas en las que se puede utilizar. Con esta invención es posible flotar en posición supina, moviéndose a través de varios movimientos de relajación y estiramientos de yoga acuático; montarlo como un asiento de bicicleta; siéntate en él como un columpio; envuélvalo alrededor del torso y sujételo para ejercicios en aguas profundas y/o para aquellos que se sienten incómodos en el agua, pero que deben hacerlo por motivos de salud y/o rehabilitación; sosténgalo con las manos; deslícelo debajo de los brazos, de adelante hacia atrás o de atrás hacia adelante; todo para moverse a través de diversos ejercicios para la salud, la rehabilitación y la diversión. La variación se utiliza para proporcionar una flotación superior en un estilo de clip. Con esta invención asegurada alrededor del torso, arriba del pecho y alrededor de la parte posterior del cuello, el usuario no tiene soporte para las manos. Mientras usa la invención, el usuario puede flotar hacia adelante para nadar y aprender brazadas; pisar el agua en posición vertical; y/o flotar en decúbito supino; todos con rango completo de movimiento de extremidades y/o torso. Esta variación de la invención se puede utilizar en instrucción de natación, seguridad en piscinas, rehabilitación, recreación, instrucción y seguridad general junto a piscinas. el usuario cuenta con apoyo sin manos. Mientras usa la invención, el usuario puede flotar hacia adelante para nadar y aprender brazadas; pisar el agua en posición vertical; y/o flotar en decúbito supino; todos con rango completo de movimiento de extremidades y/o torso. Esta variación de la invención se puede utilizar en instrucción de natación, seguridad en piscinas, rehabilitación, recreación, instrucción y seguridad general junto a piscinas. el usuario cuenta con apoyo sin manos. Mientras usa la invención, el usuario puede flotar hacia adelante para nadar y aprender brazadas; pisar el agua en posición vertical; y/o flotar en decúbito supino; todos con rango completo de movimiento de extremidades y/o torso. Esta variación de la invención se puede utilizar en instrucción de natación, seguridad en piscinas, rehabilitación, recreación, instrucción y seguridad general junto a piscinas.

APÉNDICE 6

Patente de Estados Unidos   **5,476,429**
Bigelow, et al.   **19 de diciembre de 1995**

Cinta de correr para uso con silla de ruedas

Abstracto

Un dispositivo de ejercicio para el ocupante de una silla de ruedas que actúa como una cinta rodante que puede usarse para pruebas de esfuerzo cardíaco, rehabilitación cardíaca o de accidentes cerebrovasculares, entrenamiento físico, entrenamiento aeróbico o juegos educativos/físicos, con el dispositivo que incluye una rampa generalmente inclinada que tiene lados paralelos, una parte de entrada delantera, una plataforma rodante móvil montada sobre rieles a los lados de la rampa, la plataforma rodante tiene un par de placas de captura de ruedas móviles lateralmente con aberturas para recibir las ruedas delanteras de una silla de ruedas y varillas angulares que cooperan con las ruedas motrices de la silla de ruedas que actúan para ajustar la separación lateral de dichas placas, medios de bloqueo para que la plataforma rodante la retenga en su posición delantera, medios de bloqueo separados para bloquear la plataforma rodante en su posición trasera cuando una silla de ruedas se ha movido sobre la rampa a la posición operativa,un par de aberturas agrandadas adyacentes al borde trasero de la rampa, y un par de rodillos móviles longitudinalmente debajo de la rampa y movibles entre una posición trasera retraída que permite que las ruedas motrices de la silla de ruedas se reciban parcialmente en las aberturas y una posición delantera debajo de las ruedas motrices para engranar y levantar las ruedas motrices para que el usuario pueda girar manualmente las ruedas motrices de la silla de ruedas para hacer girar los rodillos y proporcionar señales a un aparato de control para el tipo deseado de entrenamiento, prueba o rehabilitación.y un par de rodillos móviles longitudinalmente debajo de la rampa y móviles entre una posición trasera retraída que permite que las ruedas motrices de la silla de ruedas se reciban parcialmente en las aberturas y una posición delantera debajo de las ruedas motrices para engranar y levantar las ruedas motrices para que el usuario pueda manualmente girar las ruedas motrices de la silla de ruedas para hacer girar los rodillos y proporcionar señales a un aparato de control para el tipo deseado de entrenamiento, prueba o rehabilitación.y un par de rodillos móviles longitudinalmente debajo de la rampa y móviles entre una posición trasera retraída que permite que las ruedas motrices de la silla de ruedas se reciban parcialmente en las aberturas y una posición delantera debajo de las ruedas motrices para engranar y levantar las ruedas motrices para que el usuario pueda manualmente girar las ruedas motrices de la silla de ruedas para hacer girar los rodillos y proporcionar señales a un aparato de control para el tipo deseado de entrenamiento, prueba o rehabilitación.

APÉNDICE 7

Solicitud de patente de los Estados Unidos   20130261514
Tipo de código   A1
TSUI; Michael Kam Fai; et al.   3 de octubre de 2013

DISPOSITIVO PORTÁTIL DE ASISTENCIA PARA LA REHABILITACIÓN DE LA MANO

Abstracto

Un dispositivo de asistencia eléctrica portátil para la rehabilitación de la mano incluye un aparato ortopédico para la mano que tiene una plataforma externa y una plataforma interna conectada y espaciada hacia el interior de la plataforma externa. Los conjuntos de cinco dedos están montados de manera ajustable y se extienden desde el extremo distal de la plataforma externa. Cada ensamblaje de dedo incluye un ensamblaje de seguidor proximal para una articulación metacarpofalángica. Se utilizan cinco motores para accionar los conjuntos de cinco dedos respectivamente. Cada motor está montado muy cerca de la plataforma externa y tiene un extremo conectado a la plataforma externa y otro extremo acoplado a su seguidor proximal mediante una rótula para facilitar la transferencia de fuerza y minimizar la tensión mecánica en las otras partes del motor. dispositivo.

Solicitud de patente de los Estados Unidos   20120329611
Tipo de código   A1
Bouchard; Bagazo; et al.   **27 de diciembre de 2012**

Método y dispositivo motorizado de rehabilitación de la parte inferior del cuerpo

Abstracto

Se describe un aparato y método de rehabilitación motorizado para personas discapacitadas, deterioradas o lesionadas, que entrena una marcha adecuada, aumenta el flujo sanguíneo, alivia el estrés y reacondiciona los músculos y las articulaciones de la parte inferior del cuerpo. El dispositivo comprende una bicicleta estacionaria motorizada que tiene un asiento, empuñaduras y pedales giratorios que reciben la entrada de un motor eléctrico y la entrada del usuario. El dispositivo incluye además un par de aparatos ortopédicos para muslos que están conectados entre sí entre los muslos del usuario a través de un eslabón articulado y una cadena que controla y entrena las extremidades de un individuo a través de la rotación del pedal. El método divulgado combina además el presente dispositivo de bicicleta para rehabilitación junto con estímulos visuales en forma de una pantalla de televisión tridimensional que estimula las endorfinas,

Solicitud de patente de los Estados Unidos   20070093153
Tipo de código   A1
Rasmussen; scott k   **26 de abril de 2007**

Dispositivo acuático de resistencia variable y métodos de uso del mismo.

Abstracto

Un dispositivo acuático se puede utilizar en un entorno acuático para una variedad de propósitos, como fisioterapia, rehabilitación y/o ejercicio. El dispositivo acuático permite a una persona simular un ciclo de marcha caminando o corriendo en el medio ambiente acuático, reduciendo el estrés/esfuerzo asociado con caminar o correr en el suelo. Un dispositivo acuático incluye un miembro receptor de pies acoplado rotacionalmente a un miembro de aleta. El miembro de aleta, cuando está en una posición extendida, proporciona mayor resistencia cuando la persona intenta caminar o correr en el entorno acuático. Durante un paso de andar o correr, el miembro de aleta se mueve a una posición plegada, reduciendo así la resistencia del agua sobre el dispositivo acuático. El dispositivo acuático es adaptable y modificable para tener diferentes formas, diseños, tamaños, niveles de resistencia y/u otros aspectos.

APÉNDICE 10

Solicitud de patente de los Estados Unidos   20060211937
Tipo de código   **A1**
Eldridge; Roberto   **21 de septiembre de 2006**

Prenda para facilitar el uso de un dispositivo monitor portátil

Abstracto

Una prenda configurada para sujetar un dispositivo médico portátil y, más concretamente, una prenda superior modificada para sujetar, asegurar y ocultar un monitor cardíaco al tiempo que permite un acceso fácil y discreto a los puntos de derivación cardíacos de un paciente. La prenda dispone de un bolsillo exterior para monitor. Tiene además una pluralidad de aberturas para permitir la fijación de cables de monitor en un paciente sin necesidad de quitarse la prenda. Las aberturas también pueden tener medios de cierre. La prenda proporciona modestia, comodidad, durabilidad y una apariencia atractiva. La prenda se puede configurar para su uso en todas las situaciones de rehabilitación cardíaca, incluidas las pruebas de esfuerzo y ejercicio. Toda la prenda está hecha de materiales transparentes a los rayos X.

APÉNDICE 11

Solicitud de patente de los Estados Unidos   20060142680
Tipo de código   **A1**
Iarocci; miguel antonio   **29 de junio de 2006**

Asistencia activa para el tobillo, la rodilla y otras articulaciones humanas.

Abstracto

Un dispositivo humano de asistencia articular que aplica un par de torsión en la articulación para ayudar a las fuerzas de esfuerzo fisiológico, que es la tarea de carga de la articulación y los músculos, tendones y ligamentos circundantes. La aplicación de este dispositivo reduce el requisito de fuerza de esfuerzo fisiológico y puede ajustarse con respecto al nivel de asistencia para adaptarse al problema asociado con el movimiento articular y es útil para la rehabilitación articular y las actividades deportivas. Entre otras cosas, esto da como resultado una reducción de la fuerza de esfuerzo físico de una manera que facilita la extensión de las palancas (huesos largos) asociadas con la extensión contra una resistencia determinada. Por ejemplo, ponerse de pie desde una posición en cuclillas con la ayuda de este dispositivo reduce el estrés en los miembros fisiológicos asociados con la articulación de las articulaciones.

Solicitud de patente de los Estados Unidos   20180001172
Tipo de código   A1
SUTTA; Pedro; et al.   4 de enero de 2018

ESTRUCTURA DE ELEMENTO ACCESORIO PARA EQUIPAMIENTO DE PISTA DE ENTRENAMIENTO DE BALÓN Y UTILIZACIÓN DEL MISMO PARA LA FORMACIÓN DEL SIMULADOR DE BALÓN

Abstracto

La invención se refiere al equipamiento de la pista de entrenamiento de Floorball, fabricación de elemento estructural ejercitador, aplicando el concepto de encordado de raquetas de tenis. Propuesta de diseño de elemento subsidiario para arreglo de pista de floorball caracterizado porque está realizado como una celosía formada por: dos placas terminales paralelas; varias varillas roscadas como elementos de refuerzo; dos estructuras de cuerdas elásticas dispuestas en dos planos paralelos, presentando cada una de ellas un lado de la citada celosía y provistas de: --orificios para fijación de varillas roscadas que aseguren la rigidez y capacidad portante del elemento subsidiario estructura armazón; --agujeros para encordar entrecruzados en dos planos paralelos y sujetar los cordeles en las mencionadas placas terminales independientemente uno de otro.

Solicitud de patente de los Estados Unidos   20160296815
Tipo de código   A1
Pindrik; Miguel   13 de octubre de 2016

Más de Pelota que rebota

Abstracto

Aparato de juego fácil de montar y desmontar que permite que un solo jugador juegue un juego comparable al tenis y/o al ping-pong en un entorno de espacio limitado El aparato de juego propuesto también permite que un solo jugador perfeccione su habilidad.

Solicitud de patente de los Estados Unidos	20070238561
Tipo de código	**A1**
Hu; liangfa	**11 de octubre de 2007**

Estructura de la raqueta de tenis de juguete

Abstracto

Estructura de la raqueta de tenis de juguete, que mejora principalmente la composición de la cara de golpe de la raqueta de tenis de juguete; estira una cuerda que tiene un lado adhesivo a través de orificios alrededor de la cabeza de la raqueta de tenis en forma horizontal y longitudinal para hacer una red, de modo que un lado de esta red sea la cara adhesiva y el otro lado sea la cara de golpeo; dicha combinación hace que golpear la cara de la raqueta de tenis de juguete pueda producir una fuerza de rebote debido a la red flexible, además, dicha raqueta puede proporcionar el mejor efecto de ventilación para reducir la resistencia al viento, puede golpear la pelota fácilmente como si jugara con una raqueta de tenis real.

Printed by Books on Demand GmbH, Norderstedt / Germany